BEI GRIN MACHT SICH IHR
WISSEN BEZAHLT

- Wir veröffentlichen Ihre Hausarbeit,
  Bachelor- und Masterarbeit

- Ihr eigenes eBook und Buch -
  weltweit in allen wichtigen Shops

- Verdienen Sie an jedem Verkauf

Jetzt bei www.GRIN.com hochladen
und kostenlos publizieren

Katrin Habersaat, Gaby Helmling

Hypothesen zum Zweitspracherwerb

GRIN Verlag

Bibliografische Information der Deutschen Nationalbibliothek:

Die Deutsche Bibliothek verzeichnet diese Publikation in der Deutschen National-
bibliografie; detaillierte bibliografische Daten sind im Internet über http://dnb.d-
nb.de/ abrufbar.

Impressum:

Copyright © 1999 GRIN Verlag GmbH
Druck und Bindung: Books on Demand GmbH, Norderstedt Germany
ISBN: 978-3-656-44458-9

Dieses Buch bei GRIN:

http://www.grin.com/de/e-book/72121/hypothesen-zum-zweitspracherwerb

GRIN - Your knowledge has value

Der GRIN Verlag publiziert seit 1998 wissenschaftliche Arbeiten von Studenten, Hochschullehrern und anderen Akademikern als eBook und gedrucktes Buch. Die Verlagswebsite www.grin.com ist die ideale Plattform zur Veröffentlichung von Hausarbeiten, Abschlussarbeiten, wissenschaftlichen Aufsätzen, Dissertationen und Fachbüchern.

Besuchen Sie uns im Internet:

http://www.grin.com/

http://www.facebook.com/grincom

http://www.twitter.com/grin_com

WWU Münster

SS 99

Seminar:

Konzepte zur Förderung von Mehrsprachigkeit in der Grundschule

Ausarbeitung zum Referat
„Hypothesen zum Zweitspracherwerb"
(27.04.99)

Katrin Habersaat

Gaby Helmling

1

Inhaltsverzeichnis

1. Kontrastivhypothese

Die Kontrastivhypothese ist als erste Theorie über den Zweitspracherwerb entwickelt worden. Sie wurde 1947 von Fries initiiert und 1957 von Lado fortgeführt.

Die Kontrastivhypothese ist wie folgend definiert:

„Die Grundsprache des Lerners beeinflußt den Erwerb einer Zweitsprache dadurch, daß in Grund- und Zweitsprache identische Elemente und Regeln leicht und fehlerfrei zu erlernen sind. Unterschiedliche Elemente und Regeln dagegen bereiten Lernschwierigkeiten und führen zu Fehlern."[1]

Nach dieser Definition steht nicht der Lerner im Mittelpunkt, sondern die zwei Sprachen (Grund- und Zielsprache). Kontrastiv meint in diesem Zusammenhang das Gegenüberstellen verschiedener Sprachsysteme. Durch die Gegenüberstellung der beiden Sprachsysteme kann man Gemeinsamkeiten und Unterschiede herausfinden (s. Anlage 1). Um aber Gemeinsamkeiten und Unterschiede zu finden, muß man erst einmal Kriterien aufstellen, nach denen man zwei Sprachen vergleichen kann. Sinnvoll und möglich sind eigentlich nur Vergleiche morphologischer und syntaktischer Strukturen. Vollständige Sprachvergleiche, die die formale und inhaltliche Seite zweier Sprachen erfassen, sind kaum möglich.

Es ist bis heute keine kontrastive Darstellung eines Sprachenpaares gelungen. Die Kontrastivhypothese setzt also voraus, daß man zum Erlernen einer Sprache lediglich die Gemeinsamkeiten und Unterschiede zweier Sprachen systematisieren und offenlegen muß. Durch den Sprachvergleich kann man dann auch Sprachschwierigkeiten in ihren Ursachen ergründen.

Wie schon gesagt, steht bei dieser Hypothese nicht der Sprecher (Lerner) im Mittelpunkt, sondern die beiden Sprachen. Deshalb kann man keine psycho- und soziolinguistischen Aussagen über das Sprachverhalten des Lerners mit dieser Hypothese treffen. Die Aussagekraft der Kontrastivhypothese ist auf einige formale

Aspekte des Zweitspracherwerbs, wie der Erwerb syntaktischer Strukturen, beschränkt. Man kann aber sagen, daß die zu erlernende Zweitsprache von der bereits beherrschten Erstsprache in mehrfacher Weise beeinflußt wird.

Juhász nennt die Verletzung der sprachlichen Norm der Zielsprache „Interferenz". Ist der Zweitspracherwerber in seiner Übertragung von language 1 (L1) auf language 2 (L2) erfolgreich, so spricht man von einem „positiven Transfer".

Beispiel:

L1: „Sie öffnet die Tür."   =>   L2: „She opens the door."

⇨ „positiver Transfer"

In diesem Fall entspricht die syntaktische Struktur von L1 der syntaktischen Struktur von L2. Durch die Gleichheit der Elemente und Regeln kann ein korrekter Satz gebildet werden.

Diese Gleichheit ist aber nur zufällig, das zeigt das nächste Beispiel:

L1: „Dieses Buch lese ich heute."   =>   L2: „This book read I today."

⇨ „negativer Transfer" („Interferenz")[2]

Die direkte Übertragung vom Deutschen ins Englische führt hier zu einem Fehler.

Strukturidentität von Grund- und Zweitsprache führt zu einem positiven Transfer und damit zu einer Lernerleichterung und einer korrekten zweitsprachlichen Äußerung. Eine Strukturdivergenz von Grund- und Zweitsprache dagegen führt zu einem negativen Transfer (Interferenz) und damit zu Lernschwierigkeiten und zu einer fehlerhaften zweitsprachlichen Äußerung.

Folgende Kritik wurde an der Kontrastivhypothese geübt:

Die Annahme, daß Strukturidentität zu einem positiven Transfer und Strukturdivergenz zu einem negativen Transfer führt, ist falsch. Man kann Lernschwierigkeiten nicht aus unterschiedlichen Strukturen von L1 und L2 ableiten, denn auch strukturelle Ähnlichkeiten können zu Fehlern führen. So kann man z.B. das englische Wort „trouble" nicht mit „Trubel" übersetzen, „to ring" nicht mit „ringen", „brave" nicht mit „brav" und „to become" bedeutet auch nicht „bekommen".

---

[1] Merten, Stephan: S. 73
[2] vgl.: Merten, Stephan: S.74

4

Bis heute ist nicht eindeutig geklärt, wie Ähnlichkeiten und Unterschiede zwischen Sprachen vom Lerner wahrgenommen und verarbeitet werden. Es gibt außer den Interferenzen noch weitere Fehlerquellen, die in dieser Hypothese nicht berücksichtigt werden. Die Interferenz wird bei weitem überschätzt. Außersprachliche Faktoren, wie z.b. persönliche Bedingungen des Lerners, die Erwerbssituation oder der soziale Kontext des Lerners, werden nicht berücksichtigt.

Als Fazit kann man sagen, daß die Kontrastivhypothese abgeschwächt werden muß. Sie besagt deshalb nur noch, daß die Erstsprache sowohl positive als auch negative Einflüsse auf den Erwerb der Zweitsprache ausübt.

2. Identitätshypothese

Die Kontrastivhypothese ging davon aus, daß die strukturellen Unterschiede und Gemeinsamkeiten den Lernerfolg oder –mißerfolg beeinflussen. Im Gegensatz dazu besagt die Identitätshypothese, daß Zweitspracherwerbsprozesse immer gleich ablaufen.

Definiert wird die Identitätshypothese wie folgend:
Der Erwerb von L2 (Zweitsprache) verläuft prinzipiell isomorph zum Erwerb von L1 (Grundsprache): „In beiden Fällen aktiviert der Lerner angeborene, mentale Prozesse, die bewirken, daß die zweitsprachlichen Regeln und Elemente in der gleichen Abfolge erworben werden wie die grundsprachlichen."[3] (s. Anlage 2) Grundlage der Identitätshypothese ist eine Theorie von Chomsky. Er sagt, daß Sprache aufgrund angeborener Spracherwerbsmechanismen erworben wird. Deshalb ist es theoretisch möglich, jede Sprache zu jedem Zeitpunkt zu erlernen. Es spielt keine Rolle ob bereits eine Sprache gelernt worden ist oder nicht.

Laut Spracherwerbsforschung konstruiert der Lerner die Sprache nach. Dabei helfen ihm die angeborenen Spracherwerbsmechanismen. Elemente aus der Erstsprache beeinflussen nach dieser Theorie den Erwerbsprozeß der Zweitsprache nicht.
Die Identitätshypothese besagt, daß Zweitspracherwerb ein kreativer, kognitiver Prozeß ist. In diesem Prozeß bildet der Lernende Hypothesen über die zu erwerbende Sprache, überprüft und revidiert sie dann gegebenenfalls. Fehler sollen nicht vermieden werden, da sie notwendige Prozesse sind. Es ist allerdings fraglich, ob der Lernende während des Zweitspracherwerbsprozesses nicht doch Kenntnisse aus der Erstsprache verwendet und auf die Zielsprache bezieht.

Um die Identitätshypothese zu überprüfen, wurde eine Untersuchung durchgeführt. Man wollte einen gleichartigen Verlauf des Zweitspracherwerbs finden. Bei folgenden Gruppen wurde ein gleichartiger Verlauf gesucht:

---

[3] Bausch/Kasper: S. 9

- bei Kindern, die ihre Muttersprache erwerben und bei Kindern, die eine Zweitsprache erwerben
- bei Kindern mit unterschiedlichen Muttersprachen beim Zweitspracherwerb
- bei Kindern und Erwachsenen mit verschiedenen Muttersprachen beim Zweitspracherwerb
- bei Kindern, die Ihre Muttersprache erwerben und Erwachsenen, die eine Zweitsprache erwerben
- bei Erwachsenen mit verschiedenen Muttersprachen beim Erwerb einer Zweitsprache

Ergebnis dieser Untersuchung war, daß die radikale Form der Identitätshypothese nicht aufrecht erhalten werden konnte.[4]

Auch an dieser Hypothese wurde viel Kritik geübt. Das unterschiedliche soziale Umfeld des Lerners wurde nicht berücksichtigt. Außerdem wurde nicht bedacht, daß Fehler auch aufgrund des Lernmaterials oder einer ungeeigneten Lernmethode entstehen können. Daher muß die Identitätshypothese abgeschwächt werden.

Mit dem Erstspracherwerb ist bereits ein Sprach- und Weltverständnis entstanden, das sich auf den Zweitspracherwerb auswirkt. Sicher ist, daß sowohl Erstspracherwerb als auch Zweitspracherwerb in natürlicher Umgebung Parallelen aufweisen.

Es muß zwischen dem nicht durch Unterricht beeinflußten Erwerben einer Sprache und dem gesteuerten Fremdspracherwerb unterschieden werden. Das ist nicht verwunderlich, denn unterrichtlich gesteuerter Fremdspracherwerb wird von äußeren Einflüssen, wie z.B. durch Lehrbuch, Lehrer, Klasse und deren Niveau, beeinträchtigt. Laut Identitätshypothese sind Erst- und Zweitspracherwerbsprozesse gleich. Diese Aussage läßt sich in abgeschwächter Form auf den ungesteuerten Zweitspracherwerb beziehen, jedoch nicht auf den gesteuerten, unterrichtlichen Zweitspracherwerb. Der unterrichtliche Zweitspracherwerb folgt nicht den Bedingungen des Erstspracherwerbs.

---

[4] vgl.: Merten, Stephan: S. 79

Abschließend kann man zu dieser Hypothese sagen, daß es zwischen Erstspracherwerb und Zweitspracherwerb einige Gemeinsamkeiten, sowie zahlreiche Unterschiede gibt. Das grundsätzliche Verhältnis zwischen beiden ist bisher nur in wenigen Punkten geklärt.

Beide Hypothesen (die Kontrastiv- und die Identitätshypothese) konzentrieren sich zu stark auf zwei unterschiedliche Sprachsysteme, die miteinander interagieren.

Die Interlanguage- und die Monitorhypothese sollen Defizite der Kontrastiv- und der Identitätshypothese überwinden.

3. Interlanguage-Hypothese

Beim Erwerb einer zweiten Sprache bildet der Lerner ein spezifisches Sprachsystem, die Interlanguage, heraus. Dieses spezifische Sprachsystem (die Interlanguage) trägt Züge von Grund- und Zweitsprache. Es trägt aber auch eigenständige, von Grund- und Zweitsprache unabhängige Merkmale, die nicht direkt aus der Erst- oder Zweitsprache abzuleiten sind. Das Zusammenwirken verschiedener lernspezifischer Prozesse, Strategien und Regeln bestimmt die Dynamik der Interlanguage, die als variabel und systematisch zugleich charakterisiert werden kann.[5] (s. Anlage 2)

Beim Erlernen einer neuen Sprache wirken verschiedene lernspezifische Prozesse, Strategien und Regeln zusammen. Diese Interlanguage, also diese Zwischensprache, zeichnet sich durch große Flexibilität aus, und ihr Aufbau folgt systematischen Prinzipien. Ihr Aufbau folgt also nicht willkürlichen Ungesetzmäßigkeiten, denn die Zwischensprache ist durch lernspezifische Strategien und Regeln gekennzeichnet.

Interlanguages werden nach Selinker durch fünf psycholinguistische Prozesse gekennzeichnet:

1.   „language transfer": d.h. eine Übertragung von Erst- auf Zweitsprache

2.   „transfer of training": d.h. die Anwendung von bestimmten Strukturmustern, die aufgrund des benutzten Übungsmaterials erworben worden sind

3.   „strategies of second language learning": d.h. der Lerner entwickelt eigene Strategien für seine Zweitsprache; mit diesen Strategien bildet er eigene Hypothesen über die Zweitsprache aus, die er, falls nötig, überprüft und revidiert

4.   „strategies of second language communication": diese Strategien dienen dem Lerner nicht dazu, die Zweitsprache strukturell korrekt zu erlernen; diese Strategien sollen dem Lerner lediglich bei der Kommunikation helfen; hält der Lerner bestimmte Regeln oder Elemente der Zweitsprache für unwichtig oder zu schwer, vereinfacht er sie; wichtig für die Kommunikation ist es, den Inhalt verständlich zu machen

5.   „overgeneralization of target language material": d.h. Regeln, die korrekt erworben worden sind, werden auf Bereiche übertragen, in denen sie keine Gültigkeit besitzen[6]

---

[5] vgl.: Bausch/Kasper: S. 15
[6] vgl.: Merten, Stephan: S. 82/83

9

Ein weiteres Merkmal der Interlanguage ist die „Fossilierung": Fossilierungen treten häufig bei Zweitspracherwerbern auf, irgendwann hat der Lerner den Eindruck, die Zielsprache hinreichend zu beherrschen, da er von seinen Kommunikationspartnern weitgehend verstanden wird und er diese auch versteht. Aus diesem Grund vernachlässigt er die Verbesserung seiner sprachlichen Fertigkeiten. Werden fossilierte Strukturen über längere Zeiträume beibehalten, so kann es zum sogenannten „back-sliding" kommen. Das bedeutet, daß der Lerner auf ein früheres Stadium seiner Interlanguage zurückfällt.[7]

---

[7] vgl.: Merten, Stephan: S. 83

4. Monitor-Theorie

Begründer dieser Theorie ist Stephen D. Krashen. Sein Ansatz ist es, das Verhältnis zwischen gesteuertem und ungesteuertem Zweitspracherwerb herauszufinden. Krashen bezieht sich hauptsächlich auf erwachsene Lerner. Erwachsene Lerner verfügen über zwei verschiedene Systeme, sich eine neue Sprache anzueignen, den unbewußten und bewußten Spracherwerb. Die Art des Spracherwerbs spielt die entscheidende Rolle. Der unbewußte Zweitspracherwerb von Erwachsenen gleicht dem Erst- und Zweitspracherwerb von Kindern. Er erfordert Kommunikation in der zu erlernenden Sprache. Die angewandte Grammatik ist dem Lerner weitgehend unbewußt. Das Aufstellen und Lernen von Regeln ist für den Lernprozeß nicht notwendig. Fehler werden intuitiv und nicht aufgrund eines Regelwissens korrigiert. Im Gegensatz dazu wird der gesteuerte Zweitspracherwerb durch Fehlerkorrekturen und Erklärungen unterstützt.

Krashen geht davon aus, daß der bewußte Lerner mit Hilfe eines Monitors lernt. Der Monitor stellt dabei eine mentale Kontrollinstanz dar. Das heißt, es gibt eine Instanz im Gehirn, in der das Wissen über die Zweitsprache abgespeichert ist. Möchte der Lerner etwas sagen, ruft er das Wissen ab und wendet es an. Die Hauptaufgabe des Monitors ist, den Lerner zu informieren und seine Äußerungen zu kontrollieren.

Damit der Monitor überhaupt zum Einsatz kommen kann, müssen einige Bedingungen erfüllt sein:

1. Der Sprecher muß genügend Zeit zur Sprachverarbeitung haben.
2. Der Sprecher muß auf eine korrekte Äußerung Wert legen.
3. Dem Sprecher muß die korrekte Regel bekannt sein.

Bei der Anwendung von Sprache, also beim Sprechen, ist es sehr schwer, alle drei Bedingungen zu erfüllen. Meistens hat man während der Kommunikation keine Zeit, den Monitor zu aktivieren. Davon abgesehen ist es wichtiger, die Kommunikation aufrecht zu erhalten, als korrekte Regeln anzuwenden (sofern sie überhaupt bekannt sind).

Laut dieser Theorie kommunizieren fortgeschrittene Lerner sowohl mit als auch ohne Monitor. Sie sind in der Lage, je nach Situation zu entscheiden. Sie aktivieren den Monitor nur dann, wenn sie es für angemessen halten, auf die äußere Form zu achten. Situationen, in denen Zweitspracherwerber ohne Monitor auskommen, werden als „careless" bezeichnet.

Krashen unterscheidet bei den Zweitspracherwerbern drei Gruppen: (s. Anlage 3 / 4)

1. „Overuser": Overuser sind Lerner, die von sich aus sehr stark auf die Korrektheit ihrer sprachlichen Äußerung achten. Das hat zur Folge, daß sie kaum in der Lage sind, flüssig zu sprechen. Bevor sie einen Satz formulieren, überprüfen sie genau, ob sämtliche Regeln korrekt angewandt werden. Overuser produzieren so in der Regel fehlerfreie Sätze. Overusing hat zahlreiche Ursachen. Mögliche Ursachen sind z.b. mangelndes kommunikatives Selbstbewußtsein oder strenger Sprachunterricht.

2. „Underuser": Underuser machen keinen Gebrauch von ihrem Monitor, auch wenn sie die Gelegenheit dazu haben. Sie sprechen intuitiv und korrigieren sich nur, wenn sich das Gesprochene sehr falsch anhört. Sie haben nur geringe Hemmungen, Fehler zu machen.

3. „Optimal User": Der Optimal User fasst das Lernen als Ergänzung zum Erwerb der Zweitsprache auf. Wann immer es möglich ist, aktiviert er seinen Monitor. Er ist aber ebenso in der Lage, ihn abzuschalten und ohne Kontrollinstanz zu kommunizieren. Er kontrolliert sich selbst, aber so, daß die jeweilige Kommunikationssitation durch diese Kontrolle nicht gestört wird.[8]

Kritisch zu bemerken ist, daß die Theorie keine Aussagen über den Spracherwerb im Allgemeinen macht. Sie sagt nicht, nach welchen Gesetzmäßigkeiten der Zweitspracherwerb abläuft, welche Faktoren ihn bestimmen, und wie er bewußt beeinflußt werden kann.

Krashens Theorie basiert darauf, daß der Prozeß des Zweitspracherwerbs möglicherweise bewußt vom Lerner beeinflußt werden kann, was bisher aber nicht bewiesen ist.

---

[8] vgl.: Merten, Stephan: S.86/87

In der Monitor-Theorie spielt das Bewußtsein eine entscheidende Rolle. Man weiß aber wenig darüber, was Bewußtsein ist, wie es entsteht und ob überhaupt ein Monitor vorhanden ist.

Daher kann man keine sichere Aussage über das Funktionieren dieser Theorie treffen.

Es gibt einen weiteren Ansatz, der hier nicht aufgegriffen wird. Dieser versucht aus den vier Hypothesen die Elemente aufzugreifen und miteinander zu verknüpfen, die bis jetzt als relativ gesichert gelten.

5. Fazit

Zusammenfassend läßt sich sagen, daß das Wissen über die Vorgänge und Prozesse beim Fremdspracherwerb sehr gering ist. Auch das Wissen über positive und negative Einflüsse auf den Zweitspracherwerb ist sehr gering. Es lassen sich deshalb auch keine gültigen Schlüsse für den Fremdsprachenunterricht ziehen.

Alle Erklärungsansätze stimmen darin überein, daß der Fremdspracherwerb als ein komplexer Vorgang abläuft. Bei diesem komplexen Vorgang bildet der Lerner Hypothesen über die zu erlernende Sprache aus und sichert oder revidiert sie.

Zweitspracherwerb ist ein langer Prozeß, der in einzelnen Schritten abläuft. So wie der Erstspracherwerb wird auch der Zweitspracherwerb niemals abgeschlossen sein. Zweitspracherwerb bedeutet mehr als nur das Erlernen eines fremden Regelsystems. Zweitspracherwerb ist auch das langsame Hineinwachsen in eine fremde Sprache, Kultur und Gesellschaft.

Literaturverzeichnis

1. Merten, Stephan: Wie man Sprache(n) lernt. Eine einführung in die Grundlagen der Erst- und Zweitspracherwerbsforschung mit Beispielen für das Unterrichtfach Deutsch. Frankfurt a.M.: Peterlang 1997

2. Kupfer-Schreiner C.: Sprachdidaktik und Sprachentwicklung im Rahmen interkultureller Erziehung. Weinheim: Deutscher Studienverlag 1994.

3. Klein, Wolfgang: Zweitspracherwerb: eine Einführung. Frankfurt a.M.:Athenäum; 2. Auflage 1987.

4. Bausch/Kasper: Der Zweitspracherwerb: Möglichkeiten und Grenzen der „großen" Hypothesen. In: Linguistische Berichte 64/1979, S. 3-5.